AF233276

LETTRE DU GÉNÉRAL MONTESQUIOU AU RÉDACTEUR DU PATRIOTE FRANÇAIS.

A Landci près Genève le 8 Novembre 1792, l'an premier de la République Française.

JE lis dans votre feuille du 3 de ce mois, Citoyen, une note qui précède l'extrait de plufieurs lettres de Carouge déjà inférées avec plus ou moins de malignité dans d'autres feuilles périodiques. Vous êtes le premier, entre les Rédacteurs, qui n'en garantifliez pas l'authenticité en tout point. Vous prononcez feulement, que fi les faits font vrais, je mérite ma deftitution, mais qu'il faut m'entendre avant de me condamner.

Je croyois, je vous l'avoue, que je n'aurois plus befoin de me juftifier, & que la manière dont j'ai fervi mon pays depuis le commencement de la révolution, répondoit aflez à tous mes détrac-

A

teurs. Mais puifqu'ils ne ceffent de me pourfuivre, je ne cefferai de prouver qu'ils n'ont jamais pu raffembler, contre moi, que des faits calomnieux, des foupçons abfurdes, & tromper que des hommes ou legers ou pervers, les uns parce qu'ils n'examinent rien, les autres parce que le crime eft leur élement.

Je viens au fait. Il eft vrai que chargé depuis un mois du double miniftère, ou de négocier généreufemenɜ avec la République de Genève pour obtenir la fortie des troupes Suiffes qu'elle a appelées à la fin de Septembre, ou de vaincre par la force, la réfiftance qu'elle pourroit oppofer à nos juftes demandes, je me fuis conformé aux termes précis de mes inftructions qui me prefcrivoient de n'employer les voies de rigueur qu'après avoir épuifé inutilement tous les moyens de prudence & de perfuafion.

J'ai donc employé ces moyens de perfuafion, en même temps que je déployois un appareil formidable, & je ne

les ai pas employés inutilement. La fortie des Suisses, seul objet de ma million,
a été confentie, & dès-lors le Décret
de la Convention Nationale du 17 Octo-
bre, & tous les ordres du Conseil Exécutif, m'impofoient la loi de refpecter
la neutralité de Genève. Le traité a été
conclu, tel que mes inftructions m'auto-
rifoient à le faire, & j'ofe penfer que
ceux qui le liront avec quelqu'attention
y trouveront toute la dignité Républi-
caine, que je ne fais pas, il eft vrai,
confifter dans le ton d'arrogance ; mais
dans le ton élevé de la franchife, de
la modération & de la juftice. Le Con-
feil Exécutif a penfé de même, & à
quelques modifications près, qu'il a défi-
rées avec raifon dans deux articles, il l'a
accepté.

Il eft faux que les Suisses ne puiffent
évacuer Genève que le 2 Décembre ;
mais le 1er. de Décembre eft le dernier
terme fixé à cette évacuation, dont l'exé-
cution a commencé à s'effectuer trois

jours après la signature provisoire des articles, & seroit bien plus avancée si la ratification n'avoit pas été retardée.

Il est faux que les troupes de France doivent se retirer à dix lieues de Genève, puisqu'il en restera plusieurs corps dans le Chablais, dans le Genevois, dans le pays de Gex, & à Carouge même, qui en est à un quart de lieue. C'est le corps d'Armée qui se retirera, & c'est ainsi que le prescrivoient, & la raison, & les ordres que j'avois.

Il est faux que la Savoie & le pays de Gex restent à la merci des Suisses, & ceux qui cherchent ainsi a répandre de dangereuses alarmes, ignorent le secret des négociations, & le point où elles font.

Il est faux, que j'aie fait battre aux champs, quand les Magistrats de Genève font venus me voir. Mais il est vrai, que lorsqu'il y a eu a Carouge des confé-rences officielles tenues dans la Maison Commune, & lorsque les plénipotentiairès revêtus de pleins pouvoirs s'y font rendus, ils ont été reçus par la garde qui y étoit placée avec les honneurs d'usage en pareil cas.

Il est faux que trois mille Genevois expatriés aient sollicité mon appui, plus faux encore, que j'aie remis aux Magistrats de Genève des pétitions signées de prétendus patriotes, qui avancent cette insigne calomnie. Je n'ai reçu que deux pétitions, l'une anonime ; c'est celle qui est insérée dans le Moniteur ; l'autre signée de 45 particuliers ne contenant que des injures & des plaintes vagues contre le gouvernement de Genève ne général. Je les ai toutes les deux, je ne les ai montrées à personne, & mon dessein étoit de vérifier les faits, de demander justice si elle étoit dûe ; mais ces déclamations sans preuve, sans faits particuliers, étoient étrangeres à la négociation, & s'il existoit de vrais griefs, la négociation conduisoit aux moyens d'en obtenir le redressement.

Il est faux, que les troupes Françaises

ayent murmuré d'une inaction qui n'é-
toit pas inutile, puisqu'elle confiftoit a
tenir une pofition importante aux vues
du Gouvernement Français. L'armée a
fouffert, il eft vrai, du mauvais temps,
du fol humide, où elle a campé quinze
jours ; mais malgré les infernales infti-
gations de ces mêmes hommes qui font
inferer leurs lettres dans les Journaux,
elle n'a point murmuré, elle a refpecté
fes devoirs, elle a obéi à fes chefs, &
devant Genève elle a montré un courage
auffi patient, qu'elle avoit déployé d'ar-
deur au moment d'attaquer la Savoie.
Elle occupe aujourd'hui des cantonnemens
dans les villages qui environnent Genève, & ferme l'oreille aux regrets hon-
teux, que mille agitateurs cherchent à
lui donner tous les jours *de ce que*, difent
ils, *leur Général leur a enlevé le pillage
de Genève.*

J'efpère, Citoyen, que vous infererez
ma lettre dans une de vos premières
feuilles. Si je pouvois rendre publique ma
correfpondance entière avec trois Minif-

[7]

tres depuis un mois, j'ofe dire que je confondrois d'une terrible maniere ceux qui fe croyent en droit de me condamner fans m'entendre, & qui voudroient bien faire regarder comme les vrais intérêts de la République Françaife, le réfultat de leurs paffions honteufes & de leurs intérêts particuliers.

Ma conduite au refte a été publique. Je n'ai vu d'autres Magiftrats Genevois, que les Commiffaires chargés de la négociation, & je ne les ai jamais vus qu'accompagné du Réfident de France, & de fes deux Sécretaires de légation.

Ma deftinée, je le vois, eft d'être en butte aux perturbateurs & aux fcélérats de tous les pays. Mais je déclare qu'ils ne lafferont pas ma patience; & je leur ferai voir que l'ame d'un homme de bien eft au-deffus de leur atteinte.

Le Général de l'Armée des Alpes.

A. P. MONTESQUIOU.

De l'Imprimerie de l'Armée des Alpes.